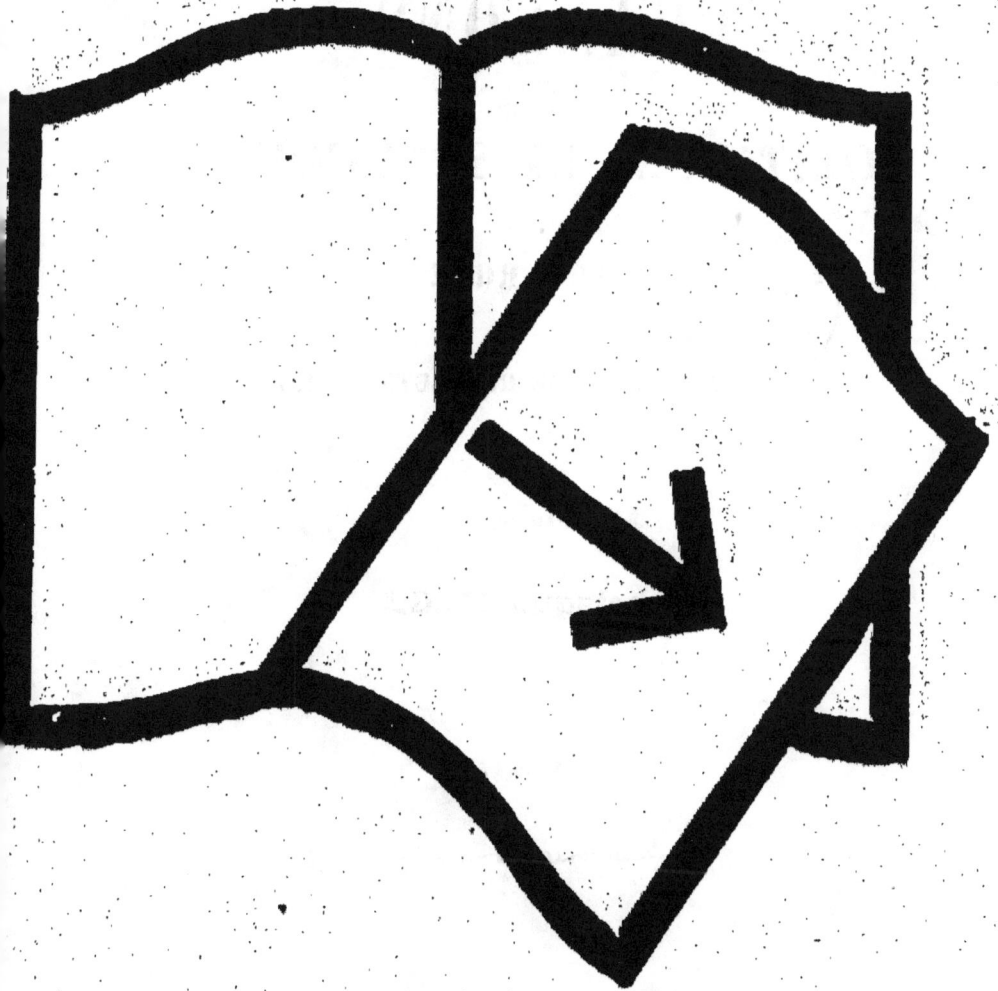

Couvertures supérieure et inférieure
manquantes

# CHANSONS

## POLITIQUES ET SATIRIQUES

### EN AUVERGNE

#### PENDANT LA PÉRIODE RÉVOLUTIONNAIRE

PAR

### Francisque MÈGE

CLERMONT-FERRAND

TYPOGRAPHIE ET LITHOGRAPHIE G. MONT-LOUIS

Rue Barbançon, 2

1888

# CHANSONS POLITIQUES ET SATIRIQUES

## EN AUVERGNE

### PENDANT LA PÉRIODE RÉVOLUTIONNAIRE

———————

On n'a peut-être jamais autant chanté qu'à l'époque de la Révolution. On chantait dans les rues, dans les salons. On chantait dans les clubs. On chantait dans les fêtes. On chantait sur les théâtres. On chantait aux armées.

C'est par centaines que l'on compte les chants composés durant cette période, les ariettes, les romances, les pots-pourris, les complaintes, les hymnes, les odes, les cantates, etc. ; chants civiques et moraux ; chants nationaux ; chansons politiques, patriotiques, républicaines, royalistes, révolutionnaires et contre-révolutionnaires ; chansons populaires, chansons burlesques, érotiques, satiriques, philosophiques. On trouve des chansons dans les journaux, dans les pièces de théâtre, dans les brochures, dans les almanachs, sans parler des recueils spéciaux, des chansonniers, des anthologies, des choix d'hymnes et couplets (1).

C'est à Paris principalement que la plupart de ces chansons virent le jour et prirent leur essor. Cependant les provinces suivirent l'exemple. On chanta dans le Nord et dans le Midi. On chanta également en Auvergne. Toutefois il y avait beaucoup moins de chanteurs de rues et de débitants de chansons qu'à Paris. Les chansons se

---

(1) On trouve une mention sommaire des chansons imprimées sous la Révolution, dans les nᵒˢ 1218 à 1226 du Catalogue de la collection Labédoyère, collection qui fait aujourd'hui partie de la Bibliothèque nationale.

répandaient par la transmission orale ou par des copies manuscrites, et se gravaient dans les mémoires sans qu'il fût besoin d'imprimés.

Celles qui avaient recours à l'impression pour être vulgarisées, c'étaient d'habitude des chansons graves, sérieuses, empesées, prétentieuses, des chansons pour solennités, rimées par des versificateurs indigènes qui s'empressaient de faire montre de leur dévouement aux idées nouvelles. Celles-là ne laissaient guère de traces dans le peuple. Elles jouissaient en revanche de la faveur administrative. Les autorités municipales et départementales en encourageaient l'exhibition dans les cérémonies officielles.

Chaque fête était accompagnée de chants et d'hymnes composés *ad hoc*. A la fête commémorative célébrée à Clermont le 10 août 1793, il ne fut pas chanté moins de six hymnes, sans compter la *Marseillaise* (1).

Parfois même les représentants du peuple, les conventionnels en mission donnaient l'exemple et le signal. Le 30 brumaire an II (20 novembre 1793), à une séance de la Société populaire de Clermont, après le chant d'un hymne *sur la défaite des rebelles de Ville-Affranchie*, Couthon entonna une chanson *sur le fol hommage rendu aux saints*, et son collègue Maignet chanta à son tour *Les heureux liens du mariage* (2).

(1) *Le Puy-de-Dôme en 1793 et le proconsulat de Couthon*, par F. Mège, p. 493 et suivantes.

(2) *Le Puy-de-Dôme en 1793*, etc., p. 294. — Quelquefois le représentant lui-même était mis en scène par le chansonnier. Ainsi Couthon fut chanté plusieurs fois, notamment dans ces couplets :

Sous le joug du fédéralisme
On espérait nous asservir ;
Mais votre énergique civisme
Citoyens, sut s'en affranchir.
    Unité,
    Liberté,
De vos cœurs voilà le mobile.
On a pu quelque temps ralentir, enchaîner
        [votre ardeur.
Couthon paraît dans cette ville,
Et vous volez au champ d'honneur.

Contre vos épouses chéries,
Exemple des autres cités,
Déjà les muscadins impies
Préparaient mille cruautés.
    Ces brigands
    Dans nos champs
Ne croyaient pas rencontrer un seul homme.
    Ils voulaient,
    Ils comptaient
Tout piller, dévaster, embraser.
Couthon parle et le Puy de Dôme
S'ébranle pour les écraser.

Dans les années qui suivirent le 9 thermidor, le Gouvernement lui-même provoqua des chansons. En l'an VI, 10 fructidor (27 août 1798), le ministre François de Neufchâteau, voulant réveiller l'enthousiasme national un peu assoupi sans doute, fit appel aux poètes et leur demanda des strophes susceptibles d'être chantées dans les fêtes nationales (1).

Toutes ces poésies, hymnes, strophes ou odes ne sont que de pâles imitations, des pastiches de nos principaux chants nationaux. Presque toujours cela sonne creux, malgré les allures pompeuses de la versification. C'est, si l'on peut appeler cela de la poésie, c'est de la poésie de commande, déclamatoire, sans vie, sans originalité, sans inspiration.

Ce qui nous touche et nous intéresse davantage que ces chants apprêtés, ce sont les chansons populaires, les chansons spontanées pourrait-on dire, nées d'un incident, d'une circonstance ayant frappé l'esprit ou remué les passions de la foule, ou même d'une catégorie de personnes ; ce sont celles où l'on trouve des impressions vraiment ressenties et éprouvées. Ce sont les chansons politiques qui, mieux que les journaux, perpétuent le souvenir des faits et des événements, et gardent la trace de la manière dont l'opinion publique les a accueillis. Ce sont les chansons satiriques, chansons de médisance sur les travers de l'humanité ou les inégalités sociales ; chansons de fronde et d'opposition au nom de la justice et de l'équité méconnues, chansons de protestation contre toute espèce de tyrannie ou d'oppression, sorte de revan-

(1) *Les Fêtes nationales sous la Révolution dans le département du Puy-de-Dôme*, par Albert Maire. Clermont, 1886 ; in-8°. — Parmi les rimeurs auvergnats de l'époque révolutionnaire, fournisseurs ordinaires pour fêtes officielles, nous citerons les citoyens : Nourry, Arnand, Rozier, Boutarel, Dulac, Reymond, Rabany-Beauregard, etc.

che du faible vis-à-vis du fort, du vaincu contre le domi-
nateur.

Ces œuvres-là émanent quelquefois d'un vrai poète
dont le cœur a battu à l'unisson de celui du peuple. Le
plus souvent, ce sont des œuvres qui n'ont rien de litté-
raire. Les vers n'en sont pas coupés ou alignés bien régu-
lièrement; la mesure et la rime y laissent beaucoup à
désirer; mais elles ont du mouvement, de la verve; la vie
y circule. On y sent de l'émotion, et si leurs auteurs,
souvent ignorés, ne pratiquent pas toutes les règles de la
prosodie, ils savent reproduire les sentiments qui ont
cours, les joies et les douleurs du peuple aussi bien que
ses mécontentements et ses appréciations malicieuses.


En Auvergne, comme dans les autres parties de la
France, on a répété les chansons politiques et satiriques
devenues populaires ailleurs. Ainsi, les chansons des
troubadours, celles sur les croisades, les chansons se
rapportant aux prouesses de Jeanne d'Arc et à la lutte
contre les Anglais, la fameuse chanson de La Palice sur
la bataille de Pavie, les complaintes pour ou contre la
Ligue, pour ne citer que les principales, eurent dans
cette province autant de succès que dans les autres.

Mais l'Auvergne a eu aussi sa floraison propre. Elle a vu
mettre en couplets patois ou français plus d'un événement,
plus d'un personnage du pays. Elle a entendu des chansons
du cru composées par des poètes locaux.

Malheureusement la plupart de ces chansons se sont
perdues. Celles, peu nombreuses, qui sont arrivées jus-
qu'à nous sont souvent incomplètes.

Ce sont quelques noëls qui, sous l'apparence de can-
tiques ou chants religieux, contiennent nombre de ré-
flexions profanes, de doléances sur la misère du peuple
ou d'allusions plus ou moins transparentes à la conduite
et aux entreprises vexatoires des classes privilégiées :

Nau n'aven or ni argen
Ni guère moneda,
Itout ont aquelas gen
Q'ie portont la seda,
Y ne naus ont re laissa
Ma un argo petassa.

Nau aven mile soucy
Que nau font bataille
Et tant d'autreis negoci
Lau ces et la taille
Jamais nu n'en veiron la fi
Si de Noé le petit fi
Ne nau y ajute (1).

C'est une autre chanson patoise, œuvre de protestants auvergnats, dont un couplet a été retrouvé et publié par M. Imberdis dans son *Histoire des guerres religieuses en Auvergne :*

Disa mé, grand nigaud,
Chirias tu tant foutraud
Que de v'ou poudi creire
Que le Meistre de tout
Chage dieus un croustou ?
L'y auria be ty por reire (2).

Ce sont encore les chansons inspirées par la rivalité séculaire des villes de Riom et de Clermont (3). Fléchier, dans ses *Mémoires sur les Grands-Jours d'Auvergne,* en rapporte deux où les habitants de Riom sont persiflés à propos des vains efforts qu'ils ont faits pour obtenir la

(1) Nous n'avons or ni argent, — ni guère de monnaie, — comme en ont les gens — qui portent la soie. — Ils ne nous ont rien laissé, — que des guenilles rapetassées. — Nous avons mille soucis — qui nous font la guerre, — et tant d'autres affaires, — les cens et la taille. — Jamais nous n'en verrons la fin, — si de Noël le petit enfant — ne nous vient en aide.

(2) Dis-moi, grand nigaud, — serais-tu si naïf — que de pouvoir croire — que le Maitre de toute chose — soit dans un croûton de pain ? — Il y aurait bien là pour rire.

(3) Sur la rivalité de Clermont et de Riom, voir *Formation et Organisation du département du Puy-de-Dôme,* par F. Mège. Paris, Aubry, 1874 ; 1 vol. in-8°.

tenue des Grands-Jours, et à l'occasion de la réception faite par eux aux membres de la Cour des Grands-Jours lors de leur passage dans leur ville, en septembre 1665. Le premier échevin de Riom, haranguant ces magistrats qui avaient fait halte avant d'arriver à Clermont, termine son discours par cette réflexion malicieuse « qu'il était » juste que les Grands-Jours se tinssent à Clermont, » parce que, venant pour faire justice, ils y trouveraient » beaucoup de matière, et que c'était un coup de prudence » du roi d'appliquer les remèdes où les maux étaient les » plus pressants. »

En réponse à cette malice, les Clermontois firent circuler plusieurs chansons. L'une, en six couplets, sur l'air : *Usez mieux, ô beauté*, etc., commençait ainsi :

> Enfin, après tant de peine,
> Les Grands Jours que nous avons
> Rendent votre attente vaine
> Et vous montrent les talons.

L'autre, plus badine, avait un assez grand nombre de couplets, dont Fléchier rapporte seulement les suivants :

> Les Grands Jours vous ont quittés,
>     O la triste aventure !
> Ils ne vous ont visités
> Que pour vous voir dépités ;
>         J'en jure.
>
> Vous n'avez rien oublié
>     Pour arrêter leur course ;
> Vos députés ont crié,
> Et vous avez déplié
>         La bourse.

> Après deux ou trois repas,
>     Ils ont quitté la place ;
> Toutefois n'en pleurez pas,
> Car vous savez qu'ici-bas
>         Tout passe.
>
> Votre consul se vantait,
>     Après beaucoup d'injures,
> Qu'il en était satisfait.
> Ainsi le renard faisait
>         Des mûres (1).

Citons aussi, dans le même ordre d'idées, une chanson que vit naître l'année 1788.

_____

(1) *Mémoires de Fléchier sur les Grands-Jours d'Auvergne en* 1665. Édition publiée par M. Chéruel. Paris, Hachette, 1862; in-18. — Dans ses curieux Mémoires Fléchier rapporte encore des couplets d'une autre chanson que l'on colportait à Riom à l'époque des Grands-Jours. Mais, comme cette chanson n'a trait qu'à des incidents privés et qu'elle est d'ailleurs qualifiée de *messéante* par Fléchier, nous ne la reproduisons pas.

On sait que le ministre Loménie de Brienne, voulant réduire l'opposition que rencontraient dans le Parlement ses projets de réforme, n'avait trouvé rien de mieux que de supprimer les parlements. Le 8 mai 1788, il obtint du roi un édit remplaçant ces antiques juridictions par quarante-sept *grands bailliages*, sortes de cours supérieures composées de deux chambres qui devaient décider sans appel les causes jugées par les présidiaux ordinaires. En vertu de cet édit, la ville de Riom devenait le siège d'un des seize grands bailliages entre lesquels se répartissait le ressort du Parlement de Paris.

La nouvelle de cette institution fut, comme bien on pense, accueillie à Riom avec des transports de joie. C'était la prédominance, c'était la suprématie tant souhaitées qui arrivaient enfin. En revanche, les Clermontois firent grise mine.

Mais bientôt la scène changea. Au bout de quelques mois, Brienne tomba, entraînant dans sa chute les grands bailliages, qui avaient à peine eu le temps d'entrer en fonctions. On devine le contentement des Clermontois, qui s'étaient vus à la veille d'assister à la déchéance de leur ville. Leur joie fut d'autant plus grande qu'ils avaient eu plus à souffrir de la morgue de leurs voisins, et que ceux-ci se montraient plus honteux et plus déconfits de leur mésaventure. Des chansons circulèrent où les victorieux de la veille étaient criblés d'épigrammes.

La collection de M. François Boyer (de Volvic) contient une de ces chansons, dont voici le texte inédit :

*L'Agonie du Grand-Bailliage de Riom, en Auvergne.*

Air : Les Pendus.

**1**

Or, écoutez, petits et grands,
Le plus fâcheux des accidents.
C'en est fait, notre grand bailliage
Est expirant. C'est grand dommage.
Il eût brillé, n'en doutons pas.
Mais rien n'est durable ici-bas.

**2**

Ah! trop généreux Riomois,
Faut-il qu'en moins de quatre mois
On vous enlève un avantage
Pour lequel votre grand courage
Sacrifia de si bon cœur
Lumières, conscience, honneur !

**3**

O jour de délire et d'erreur
Où Chazerat, cet enjôleur,
Pour servir un projet inique,
Avec son vin et sa musique (1),
Vous fit des cinq fameux édits
Serviteurs humbles et soumis ?

**4**

Ah ! sans ce maudit suborneur,
Vous n'auriez pas le crève-cœur
De pleurer, quand toute la France
Se livre à la réjouissance
De voir, avec ses parlements,
Revivre l'ordre et le bon temps.

**5**

Bientôt, le ciel en soit loué,
Viendra le tour de ce roué,
Necker, instruit de sa perfidie,
Bientôt vengera la patrie
Des mensonges, des noirs complots
De ce fourbe et de ses suppôts.

**6**

Quiconque à Riom se rendra,
Du plus loin qu'il l'apercevra,
De larmes baignant son visage,
Dira : Là fut le grand bailliage !
Après une telle splendeur,
N'être plus rien ! ah ! quel malheur !

**7**

Clermont n'égalera jamais
De Riom les brillants succès,
Quatre mois, au nom de son prince,
Il posséda de la province
Les grands baillifs, les grands jugeurs,
Et, peu s'en fallut, nos seigneurs.

**8**

Cruelle Révolution !
Si du moins quelque pension....
Mais, avoir trahi sa patrie,
Ne conserver que l'infamie,
En proie au mépris, au remords,
Fut-il jamais plus triste sort ?

**9**

Or, prions le Tout-Puissant,
D'un cœur tendre et compatissant,
Que nos chers voisins il console.
Chacun d'eux, dit-on, se désole
De voir, après tant de travaux,
Triompher d'odieux rivaux.

**10**

*Épitaphe du Grand Bailliage de Riom.*

Sous ce modeste monument
Repose le premier enfant
De défunt pouvoir arbitraire.
Il fut digne de ce cher père.
Il fut quatre mois allaité
Aux dépens de la liberté.
Requiescat in pace (2) !

(1) D'après le *Journal manuscrit de l'avocat Tixier*, conservé à la Bibliothèque de Clermont, M. de Chazerat, intendant d'Auvergne, entretenait à ses gages six musiciens, vêtus d'habits rouges avec boutonnières d'or. C'est le jeudi 15 mai 1788 qu'il se rendit à Riom pour porter l'édit du Grand-Bailliage. Il était accompagné de ses secrétaires, de ses musiciens et de toute sa maison. — Charles-Antoine-Claude de Chazerat avait d'abord été premier président de la Cour des Aides de Clermont. En 1773, il succéda à M. de Montyon dans les fonctions d'intendant d'Auvergne. Il est mort le 7 septembre 1824.

(2) A la suite de la chanson se trouve ce quatrain :

*Vers pour être mis au bas du portrait de M. de Chazerat.*

D'un ministre avili suppôt à mépriser,
De ton faste insolent la province indignée
A droit de te haïr et de te reprocher
De la trahir, après l'avoir pillée.

— 11 —

La rivalité des villes de Riom et Clermont fut tout aussi ardente pendant la Révolution que dans les années qui précédèrent; mais les chansons qu'elle fit naître ne nous sont pas parvenues.

D'autres sujets, d'autres motifs de complainte surgirent, qui vinrent provoquer la verve des chansonniers.

On sait quels bouleversements s'accomplirent pendant la période révolutionnaire. On sait que parmi les citoyens, certains furent persécutés et molestés dans leurs biens, dans leurs intérêts, dans leurs croyances et jusque dans leurs personnes; tandis que certains autres, relevés d'une trop longue sujétion et se fiant aux promesses si nouvelles de liberté et d'égalité, entrevoyaient pour leurs enfants une existence plus heureuse que celle qu'ils avaient menée eux-mêmes.

Les espérances des uns, les mécontentements des autres s'exhalèrent plus d'une fois en chansons que l'on se répétait de bouche en bouche et qu'on faisait circuler plus ou moins discrètement.

Les paysans chantèrent l'abaissement de la noblesse et l'abolition de ces droits féodaux qui avaient tant pesé sur eux et sur leur famille:

Ai fondut toutes lous seignous,
Toutes lous vicomtes,
Toutes lous barous ! (1).

Des partisans de la royauté et de la contre-révolution célébrèrent le courage et l'énergie d'un compatriote en qui ils espéraient trouver un soutien et un vengeur, le marquis de Bouillé. C'était à propos de la répression, par ce général, d'une grave insurrection militaire qui avait éclaté à Nancy, au mois d'août 1790. On chanta ses louanges, mais en quel style!

(1) Ce refrain, qui est tout ce que l'on sait de cette chanson patoise, nous a été conservé par Alexis Monteil, *Histoire des Français de divers états*, tome v, décade 1.

. ..................

..................

..................

..................

Qui se peut défendre
Vis-à-vis Bouillé ?
A lui faut se rendre,
C'est un dérouillé (sic).

—

Ah ! dam, c'est qu'en guerre
Il va d'un grand train
Comme si le tonnerre
Partait de sa main.
Mais il n'est diable
Que pour l'ennemi,
Et du misérable
Il devient l'ami.

—

Contre une disette
Précautionneux
La ville inquiète
Le vit généreux.
C'était manigance
Pour le dégoûter
Mais sa pourvoyance
Fit tout avorter.

Quand la populace
Faisait bacchanal,
Il montrait sa face
Et son cœur loyal.
Aussi fut-il maître.
Et ceux des complots
Le voyant paraître
Étaient tous sots.

—

Sur de vils rebelles
Répandant l'effroi,
Suivi de fidèles
S'il soutient la loi,
Il souffrit dans l'âme
Pour leur annoncer
Dont le sang infâme
Doit être versé (?)

—

Pour n'en pas répandre
Il chercha le biais.
Qui ne sut l'entendre
N'est pas un Français.
Quen douleur amère
Il eut à Nancy
Quand il fallut faire
Venir à mercy (1).

Les prêtres et les fidèles dont la loi sur la constitution civile du clergé avait alarmé les consciences ou blessé les convictions, se vengèrent par des chansons, et ils témoignèrent par des couplets ironiques et satiriques le mépris que leur inspiraient les ecclésiastiques qui avaient cru pouvoir prêter le serment exigé par l'Assemblée nationale. Furent visés plus particulièrement les évêques nouvellement intronisés en violation des lois canoniques et des brefs du pape.

On trouve bon nombre de ces couplets dans les jour-

(1) Une copie informe de cette chanson se trouve aux *Archives départementales, Fonds du district de Billom. Liasse Comité révolutionnaire.* Nous lui avons emprunté les principaux couplets. — Mais est-elle bien d'origine auvergnate ?

naux et les almanachs royalistes de l'époque, dans les *Actes des Apôtres*, dans le *Journal général de la Cour et de la Ville*, etc. Beaucoup sont spirituels; mais la plupart d'une violence imméritée, comme ceux-ci intitulés *Crève de foire* :

Veut-on des mitres acheter?
Au diable il faut se présenter.
........................
Le prix n'en est pas alarmant;
On les a pour un faux serment,
En lui livrant son âme,
Oh bien!
Et son honneur au blâme,
Vous m'entendez bien!
........................
Il ne faut qu'abjurer son roi,
Jésus-Christ, l'Eglise et sa foi

Avec un peu de zèle,
Oh bien!
Pour la charte nouvelle,
Vous m'entendez bien!
........................
Dans peu, plus d'un de nos Judas
Ira se pendre, et dans ce cas,
Consolez-vous, de grâce,
Oh bien!
On vous promet la place,
Vous m'entendez bien!
Etc., etc.

Ou comme celui-ci qui parut lors de la nomination de Gobel au siège épiscopal de Paris :

Faute d'évêques canoniques,
Ces lâches intrus schismatiques
S'entredonnent l'épiscopat :
*Asinus asinum fricat*

En province, ces satires, œuvres de journalistes et de lettrés, étaient à peu près inconnues. Mais les évêques et les prêtres jureurs n'y furent pas plus ménagés qu'à Paris. En Auvergne, on fredonna plus d'une fois, sous le manteau de la cheminée, des chansons hostiles au clergé constitutionnel. Ces chansons, composées peut-être dans les maisons de réclusion, circulaient en copies manuscrites et se chantaient dans les réunions intimes. Nous en reproduisons quatre qui ont été trouvées dans les archives du département du Puy-de-Dôme ou dans celles de la ville de Clermont. Elles ne brillent ni par l'invention, ni par le style, ni par la versification; mais elles peuvent servir à

constater comment avaient été accueillis les empiéte-
ments de l'Assemblée constituante sur le terrain de la religion.

## I.

*Panégyrique des Intrus* (1).

Sur l'air du JOUF ERRANT.

**1**

N'êtes-vous point cet homme
De qui l'on parle tant,
Que l'Evangile nomme
Un gros loup ravissant?
Oui, c'est moi, mes enfants,
Qui suis l'intrus jurant.

**2**

On rejette ma messe,
On meurt sans sacrement,
Aucun ne se confesse ;
Je suis un prédicant.
Je m'en ris, mes enfants,
J'aurai dix-huit cents francs.

**3**

Que la paroisse agisse
Tout comme il lui plaira,
Que l'on vienne à confesse
Ou qu'on n'y vienne pas :
Je m'en ris, etc.

**4**

Et zi! et zon! et zeste!
Buvons, mes bons amis
Je me moque du reste
Au diable les brebis !
Je m'en ris, etc.

**5**

Faut-il que je le jure ?
Donnez-moi de l'argent :
Ma foi, je vous l'assure,
Je jure sur-le-champ.
En jurant, mes enfants,
Je gagne de l'argent !

**6**

La France est schismatique
Et j'en serai l'auteur :
Je suis un hérétique,
Un insigne voleur.
Je m'en ris, mes enfants,
J'aurai dix-huit cents francs !

**7**

Je dis toujours ma messe
Quoiqu'excommunié.
Je n'ai point de tristesse
Quand j'ai bien déjeuné.
Je m'en ris, etc.

**8**

Je me moque de Rome
Et de Bonal aussi (2).
Permettez que je dorme
Et boive sans souci.
Je m'en ris, etc.

(1) *Archives départementales, fonds du district d'Issoire.* — Cette chanson se
trouvait parmi les papiers saisis chez deux religieuses que le Conseil général de la com-
mune de Champeix fit arrêter le 14 fructidor an II, comme coupables d'avoir rétracté
leur serment. — Nous l'avons publiée déjà dans l'*Intermédiaire des chercheurs et
des curieux*, année 1876, page 478.

(2) M. de Bonal, évêque de Clermont et député à l'Assemblée nationale, s'était signalé
en toute occasion comme un ardent défenseur de la religion et des droits du clergé. —
Déchu de son évêché comme ayant refusé le serment, il avait été remplacé par l'orato-
rien Jean-François Périer, supérieur de l'École militaire d'Effiat.

**9**

Toujours l'ancienne Eglise
A cru sept sacrements ;
Notre nouvelle Eglise
N'en croira pas autant.
Je m'en ris, etc.

**10**

Avant le mariage,
Point de bénédiction !
Et vous rendrez hommage
A la Constitution.
Je m'en ris, etc.

**11**

Allez trouver le maire,
Il en sait la façon.
Voilà tout le mystère,
Plus de bénédiction.
Je m'en ris, etc.

**12**

L'enfer est dans mon âme,
Tout le monde me fuit ;
Je vais prendre une femme
Pour calmer mon ennui.
Je m'en ris, mes enfants,
J'aurai femme et enfants.

**13**

Si ma femme est colère,
Je lui dirai : tout beau !
Cessez d'être sévère ;
Allez voir s'il fait beau.
Je m'en ris, mes enfants,
Je suis maître céans.

**14**

Je cherche une autre femme,
Cherchez un autre époux ;
Vous n'êtes plus ma dame,
Je ne suis rien pour vous.
De femme, mes enfants,
J'en change à tous moments.

## II.

### Chanson (1).

**1**

Bonal est pasteur de Clermont,
Un intrus en porte le nom,
  Voilà la ressemblance :
Bonal le doit à sa vertu,
L'autre aux brigues de Camus (2 ,
  Voilà la différence.

**2**

Tous les deux ont leurs partisans,
Leurs disciples et leurs agents,
  Voilà la ressemblance :
Bonal a les honnêtes gens,
Périer (3) les clubs et les brigands,
  Voilà la différence.

(1) Cette chanson ainsi que les deux suivantes nous ont été obligeamment communiquées par M. Vimont, bibliothécaire et archiviste de la ville de Clermont.

(2) Camus, député de Paris aux Etats-Généraux, était fervent janséniste. C'est lui, dit-on, qui fut le principal auteur de la loi sur la constitution civile du clergé.

(3) Nous avons dit que Jean-François Périer, prêtre de l'Oratoire, était le successeur donné par les électeurs du Puy-de-Dôme à M. de Bonal, évêque de Clermont. Après le Concordat, il devint évêque d'Avignon. Ses mœurs et sa conduite furent constamment irréprochables.

**3**

Tous les deux sont crossés, mitrés,
Tous les deux ont été sacrés,
 Voilà la ressemblance ;
Le premier par des vrais prélats
Et l'autre par des apostats,
 Voilà la différence.

**4**

Bonal donne des mandements,
Périer des documents,
 Voilà la ressemblance ;
L'un suit les pontifes romains,
Et l'autre Luther et Calvin,
 Voilà la différence.

**5**

Tous les deux des ordres donneront,
Les fidèles confesseront,
 Voilà la ressemblance ;
Bonal remplira ses devoirs,
Périer fera tout sans pouvoirs,
 Voilà la différence.

**6**

Toujours Bonal vous instruira
Et Périer vous enseignera.
 Voilà la ressemblance ;
L'un au ciel vous conduira
Et l'autre au diable vous mènera,
 Voilà la différence.

**7**

Tous les deux auront des sujets,
Des vicaires et des prestolets,
 Voilà la ressemblance ;
Bonal régnera sur les cœurs
Et Périer sur les jureurs,
 Voilà la différence.

**8**

Chacun aura ses ennemis,
Tous les deux auront leurs amis.
 Voilà la ressemblance ;
Bonal tranquille sur son sort,
Périer déchiré de remords,
 Voilà la différence.

**9**

La postérité jugera,
Sur tous les deux décidera.
 Voilà la ressemblance ;
Dira que l'un trahit sa foi,
L'autre fut ferme dans sa foi,
 Voilà la différence.

**10**

Tous les deux se disent prélats,
Ils en auront les embarras,
 Voilà la ressemblance :
L'Église nous donna Bonal,
L'erreur nous donna son rival,
 Voilà la différence.

**11**

Bonal défend le serment,
Périer le veut absolument.
 Ah ! quelle ressemblance !
Obéir au vrai pasteur
Et différer (?) à l'usurpateur,
 C'est là la différence.

**12**

La cabale des électeurs
Va donner de nouveaux pasteurs,
 Ah ! quelle ressemblance !
Des gens sans talents, sans vertus,
Sans pouvoirs, et de vrais intrus :
 L'affreuse différence !

**13**

De Bonal fidèle troupeau,
Dans les anciens et les nouveaux,
 Ancienne ressemblance ;
Les anciens seuls nous sauveront
Et les nouveaux nous damneront,
 Ah ! quelle différence !

### III.

*Chanson nouvelle* (1).

**1**

Bonal est pasteur de Clermont.
Un intrus en porte le nom,
   Voilà la ressemblance ;
Bonal le doit à ses vertus,
Périer aux brigues de Camus,
   Voilà la différence.

**2**

Tous deux trouvent des défenseurs,
Des apôtres et des fauteurs,
   Voilà la ressemblance ;
Bonal a les honnêtes gens,
Périer les clubs et les brigands,
   Voilà la différence.

**3**

L'un et l'autre s'est fait sacrer,
L'un et l'autre s'est fait mitrer,
   Voilà la ressemblance ;
Le premier par de saints prélats,
Le dernier par des scélérats,
   Voilà la différence.

**4**

Tous deux répandent des leçons,
Des mandements et des sermons,
   Voilà la ressemblance ;
L'un suit le Pontife romain,
L'autre est disciple de Calvin.
   Voilà la différence.

**5**

L'un et l'autre prend des sujets
Dignes de remplir leurs projets.
   Voilà la ressemblance ;
Du choix Bonal s'honorera,
Périer lui-même en rougira,
   Voilà la différence.

**6**

Bonal cherche à nous animer,
Périer travaille à nous former,
   Voilà la ressemblance ;
L'un montre la voie du bonheur,
L'autre ouvre celle du malheur,
   Voilà la différence.

**7**

Un jour nos neveux sans trembler
Sur eux oseront prononcer,
   Voilà la ressemblance ;
Ils diront · L'un soutint la foi,
L'autre fut parjure à sa foi,
   Voilà la différence.

**8**

Après Bonal les électeurs
Oseront nommer nos pasteurs,
   Voilà la ressemblance ;
L'un par son choix sauva les mœurs,
Les autres prendront des jureurs,
   Voilà la différence.

**9**

Les bons et malheureux troupeaux
Dans les anciens et les nouveaux,
   Voilà la même apparence ;
Pour leurs brebis ceux-là mourront,
Ceux-ci sans pitié les tondront,
   Voilà la différence.

(1) *Archives municipales.* — Cette chanson est une variante de celle qui précède.

## IV.

### *Chanson dans le sens de la Révolution* (1).

**1**

Grâce à nos décrets pieux,
Dimanche, ma mie,
L'évêque fait ses adieux
A la compagnie.
Plus donc de confessions,
De Pâques et de sermons.
  La bonne aventure augué (sic)
  La bonne aventure !

**2**

Pour prélat, leur dit Rabaut (2)
Faut un calviniste.
Camus dit d'un ton plus haut :
Faut un janséniste.
Accordons-les, on le peut.
Nos jureurs font ce qu'on veut.
  La bonne aventure, etc.

**3**

Sous nos prélats, bonnes gens !
Suivant les conciles,
Nous jeûnerions les quatre-temps,
Carême et vigiles.
Pour un prêteur de serment.
Plus de carême et d'avent.
  La bonne aventure, etc.

**4**

Nos pères du bon vieux temps
Faisaient la sottise
De croire aux commandements
De Dieu, de l'Église.
Pour nous, n'y soyons plus pris,
Croyons un maire, un district.
  La bonne aventure, etc.

**5**

Luther, au fond d'un couvent,
Sut guérir sa belle.
Avec un intrus galant,
Seront pêle-mêle :
Sous la guimpe, les yeux doux,
Sous la mitre, un époux.
  La bonne aventure, etc

**6**

Tendre amour, pour nos abbés
Tu fus à la gêne.
Jadis, ils étaient flammés
Pour une freslaine.
L'intrus, plus compatissant,
N'engourdit aucun talent.
  La bonne aventure, etc.

**7**

Les prélats et les pasteurs
Prêchaient l'Évangile.
Désormais, sous nos jureurs,
Tout sera facile,
Se sauver et plaire à Dieu
Ce ne sont plus qu'un jeu.
  La bonne aventure, etc.

**8**

En vain, Soissons (3), de par Dieu
Leur crie : Anathème :
D'Autun (4) dit que c'est un jeu.
Il leur jure même
Que quand au ciel il ira
Tout droit il les emmènera.
  La bonne aventure, etc.

(1) *Archives municipales* de Clermont-Ferrand.

(2) Rabaut-Saint-Etienne, pasteur protestant, député de Nîmes à l'Assemblée constituante.

(3) M. de Bourdeilles, évêque de Soissons, avait adressé à l'Assemblée nationale une protestation contre les nouvelles lois relatives au clergé. — Il fut remplacé, à Soissons, par l'abbé Marolles, député de Saint-Quentin.

(4) M. de Talleyrand, évêque d'Autun, qui avait prêté serment.

**9**

Du peuple, nos ci-devant
Semblaient fuir la vue.
Mais nos jureurs très gaiement
Parcourent les rues
A pied et tambour battant.
Vive un évêque ambulant!
  La bonne aventure, etc.

**10**

Jadis, quand on nous prêchait,
Nous versions des larmes.
Mais, à présent, tout est fait,
Au moyen des armes;
Et le paradis là-haut,
Nous l'emporterons d'assaut.
  La bonne aventure, etc.

**11**

Dans le régime nouveau,
Fi de la noblesse!
Il faut qu'à notre niveau
Le prélat s'abaisse.
Vive un jureur citoyen,
Patriote et plébéien!
  La bonne aventure, etc.

**12**

Des sacrés et des sacreurs
Périer est le père.
L'Oratoire (1) des jureurs
Riche pépinière,
Nous fournit tant bien que mal
Un clergé national.
  La bonne aventure, etc.

Comme contre-partie, il y eut très probablement des chansons contre les prêtres insermentés.

Depuis Rutebœuf qui, dès le XIIIᵉ siècle, s'était moqué des moines, le clergé régulier et séculier avait été le point de mire de bien des critiques, de bien des plaisanteries plus ou moins fondées, plus ou moins risquées. En 1789, la vieille gaieté gauloise ne désarma point et l'on entendit crier dans les rues de Paris plus d'une chanson où reparaissaient contre le clergé les vieilles imputations d'autrefois. Mais en province, la situation critique des prêtres, les persécutions dont ils étaient l'objet, la mort dont ils étaient à chaque instant menacés impressionnèrent les esprits dans un autre sens, d'autant plus que la masse de la population ne comprenait guère les avantages de la constitution civile et voyait d'un très mauvais œil les changements qu'elle ordonnait.

La majorité des citoyens étant ainsi beaucoup plus favorable qu'hostile à l'ancien clergé, les chansons anti-cléri-

(1) La congrégation de l'Oratoire à laquelle appartenait l'évêque Périer, passait pour favorable aux idées nouvelles.

cales, s'il en fut composé, ne durent pas avoir grande vogue. En tout cas, nous n'en avons rencontré aucune dans nos recherches.

Mais, à défaut de chansons anti-cléricales, il y eut des couplets anti-religieux. En voici quatre qui eurent l'honneur d'être imprimés et recommandés officiellement aux habitants du département du Puy-de-Dôme. Ils précèdent de quelques jours l'arrêté du 24 brumaire an II (14 novembre 1793), par lequel le représentant Couthon, en mission dans le Puy-de-Dôme, décréta que l'Être-Suprême n'aurait désormais d'autre culte que celui de la raison et d'autre temple que le monde (1).

### Litanies des Saints convertis en monnaie.

Air de l'HYMNE DE LA LIBERTÉ.

**1**

Pierre, Paul, Mathieu, Mathias, Jude,
Simon et vous Barthélemi,
Voyez à quelle épreuve rude
Les Français vous mettent aujourd'hui,
En se moquant de saint Remi ;
Saint Philippe et vous frère Jacques,
Jean, de Jésus le bien-aimé,
Gros Thomas et vous cher André,
Saints d'avant comme d'après Pâques ;
Vos cris sont superflus,
Vous serez tous fondus ;
Grands saints (*bis*),
Dans le creuset
Tombez, c'est le décret.

**2**

Saint Marcel, sainte Geneviève,
Saints renommés de tous pays,
Saint Roch et son chien, son élève,

Saint Jean-Baptiste et saint Denis,
Saint Jean de Latran et saint Prix
Et vous cochon de saint Antoine,
Ah ! plus vous serez gros et gras,
Plus vous produirez de ducats
Dans la fonte avec l'antimoine.
    Vos cris, etc.

**3**

Marthe, Marie, Magdeleine,
Femmes qu'adorait le Sauveur,
Saint Hubert et vous sainte Hélène,
Saint Charlemagne, l'empereur,
Saint Louis (nom qui fait horreur),
Saint Luc, saint Gille et saint Spire,
Papes, évêques et docteurs
Consolez-vous de vos malheurs,
Curtius va vous faire en cire.
    Vos cris, etc.

(1) Cet arrêté ainsi que les *Litanies des Saints* ont été déjà reproduits dans l'ouvrage intitulé : *Le Puy-de-Dôme en 1793 et le proconsulat de Couthon*, par Francisque Mège. Paris, Aubry, 1877.

4

Nous ne brûlerons plus de cierges
Devant l'autel de nos patrons ;
Mais quand nous trouverons des Vierges,
Oh ! comme nous les chérirons !
Oh ! comme nous les fêterons !

Nous n'aimerons que les vivantes.
Les vivantes nous aimeront,
Et ros neveux qui surviendront
Se les choisiront pour amantes.
Vos cris, etc. (1).

Est-ce là tout ce qui a été rimé et chanté par nos pères au cours de la Révolution? Sans trop se hasarder, on peut affirmer que non. Trop nombreux ont été ceux qui ont eu à souffrir de l'oppression révolutionnaire et trop prolongée a été cette oppression pour ne pas avoir soulevé des cris de protestation et fait éclore des chansons en nombre considérable. Seulement les saisies, les confiscations, les emprisonnements, les déportations ont amené la destruction ou la disparition d'une foule de papiers de toute nature; et, de ceux qui ont survécu, beaucoup n'ont pas encore été dépouillés. Mais peu à peu, à mesure que l'on fouillera les archives publiques et privées, il se rencontrera certainement dans certains dossiers des chansons inédites, des couplets ignorés. D'autres alors continueront ce que nous ne pouvions actuellement que commencer.

(1) A la suite des couplets est imprimé un arrêté ainsi conçu :
« Les représentants du peuple, députés par la Convention nationale près l'armée des
» Alpes et dans divers départements de la République, arrêtent que les couplets ci-
» dessus seront imprimés au nombre de quatre mille exemplaires et envoyés, à la dili-
» gence des procureurs syndics de district, à toutes les communes du département. »
» A Ambert, le 18ᵐᵉ jour de brumaire de l'an II de la République française une et
» indivisible. *Signé :* Couthon, Maignet. »
L'impression décrétée fut faite par le sieur Denis Linet, imprimeur du département,
à Clermont.

Clermont-Ferrand, imprimerie G. Mont-Louis, rue Barbançon.

www.ingramcontent.com/pod-product-compliance
Lightning Source LLC
Chambersburg PA
CBHW072025290326
41934CB00011BA/2875